Bodos Botulismus

Beate Hendricks

Bodos Botulismus

Medizynisch-maliziöse Machenschaften

Illustrationen: Esther Jiménez y Schäfers

Bibliografische Information der Deutschen Nationalbibliothek:
Die Deutsche Nationalbibliothek verzeichnet diese Publikation in der
Deutschen Nationalbibliografie; detaillierte bibliografische Daten sind
im Internet über http://dnb.dnb.de abrufbar.

Illustrationen: **Esther Jiménez y Schäfers**
Weiterer Mitwirkender: **E. Lamers**

Herstellung und Verlag: BoD – Books on Demand

ISBN: 978-3-8482-1990-2

Inhalt

Arthurs Arrhythmien

Arthur, arbeitsscheuer Arzneimittelchemiker,
arrangiert Amtsarztbesuch.

Arthur: „Ach, ach, ach!
Arge Arrhythmien!
Atemnot, anfallsweise!
Asthma ausgeschlossen –
Arterienverkalkung!
Andauernd arbeitsunfähig!"

Amtsarzt abfällig:
„Affentheater!
Alles Absicht!
Abgefeimtes Ansinnen!
Ausgesprochen asozial!
Arzneimittel-Abusus!
Abgewöhnen!
Absolut arbeitsfähig!
Abmarsch!"

Armer Arthur –
Arschkarte!

Bodos Botulismus

Bottroper Biofrost-Boss Bodo:
„Boykottiert Bobs Bockwurst-Bude!
Bevorzugt Biofrosts Bonus-Bulette!"
Biofrost-Bulette boomt.

Bockwurst-Bob baut Botox-Bombe:
bohrt Bodos Biofrost-Bulette beidseitig,
bastelt böswillig Botox-Bulette.
Biofrost-Boss Bodo: Bulettenopfer!

Biofrost-Begräbnisbohei:
Bodo betrauert, bedauert, beseufzt.
Beisetzungsblabla.
Bodo bodenbedeckt,
botanikbepflanzt.

BOTTROPER BOTE bissig:
„Biofrost-Botulismus!
Buletten boykottieren!"

Bye bye, Bodo!
Bye bye, Biofrost-Bulette!
Bobs Bockwurst boomt.

Chloes Chronik

Couchhocken,
Coelho-Lektüre,
chopinuntermalt.

Coquilles (Saint Jacques),
Cordon (bleu),
Chateauneuf, chocbezahlt.

Cocktails,
Chardonnay,
Champagnercrème-Sauce:

Comedos,
cholesterinbedingt
Coronarsklerose*.

Chloe chronisch charakterlos –
cocainüberrollt:

Cocainrausch,
Cocainsucht,
Cocainentzug –

Colt!

*Verkalkung der Herzkranzgefäße

Des Derwischs Dermatophyt*

Des Derwischs Dermatophyt,

den dünkt dessen Drehen durchglüht

dauernd durchs Divine,

dem der Derwisch diene.

Doch der Derwisch demaskiert

das Drehmotiv derangiert,

das – durch drohendes Durchdreh'n diktiert –

denselben derart dressiert:

„Der Dermatophyt drangsaliert!"

*Fußpilz

Elfriedes Ersatzteil

Experiment endet erstmalig erfolgreich!

Erheblicher Entwicklungsvorsprung

einheimischer Enterologen:

Exakt eingepasstes, eminent effizientes

Extraklasse-Ersatzteil,

ergonomisch enggeführt,

erleichtert eindeutig

erforderliche Exkremententsorgung!

Etwaige Ethikrat-Einwände

eliminiert elegant:

Elfriedes elektronischer

Elffingerdarm!

Furtschwenglers Furor

„Fürchterlicher Flöten-Fusch!"

Furtschwengler flucht,

„Finale furioso faktisch Flopp!

Folgenschweres Fiasko!"

Flötist flüchtig.

Fagottist formuliert

fantastisch freimütig:

„Fatale Flötentöne???

Furchterregendes Falschspiel

fabrizierte fröhlich

Flötists frei flottierende

Flatulenz!"

Gregors Grippe

Grippe grassiert.

Gregor grunzt grantig:

„Greta, Grog!"

Grippe greift Gregor grob.

Gregor grölt grimmig:

„Greta, Grappa!"

Gröbere Grippe.

„Greta, Gras!!!"

Grelles Grinsen –

gröbste Grippe...

Gregor grauenhaft grau:

Grabesgrinsen.

Gruftgräber graben Gregors Grube.

Greta greint gräßlich:

„Grausame Granitgrenze!"

Grabwurmgruppen grölen:

„Grimassierende Grasleiche gratis!"

Gregors Grinsen gründelt graugrün.

Hilkes Hirsutismus*

Hilke hustet heftig.

Harald, heimlicher Haarfetischist,
holt Hustensaft.
Hinterlistiges Hantieren:
Hormonzusatz – Haarwuchsmittel!

Harald heuchelt Heilzwecke;
Hilke halbwegs hustenfrei.

Hinterher Horror,
himmelschreiend.
Hilke händeringend,
hundertfach haareraufend:

„Hilfe, Hirsutismus!"

Hellsichtig hernach:

„Hustensaft-Heuchler!
haarscharfer Hormonmischer!
Heilloser Heger
hermaphroditischer Hintergedanken!"

Harald hummerrot,
Hilke:
„Hausverbot!!!"

*hormonell bedingte Überbehaarung bei Frauen

Immos Identitätskrise

Immo Immermanns immerwährende Identitätskrise irritiert immens:

Immo, immerzu insistierend:

„Ist ICH... in... Immo Immermann?

Ist... Immo Immermann... im ICH?

Ist Immo Immermann... immer... in Immos ICH?

Ist Immos ICH... immer in... Immo Immermann?

Ist... Immo immer... in Immermanns ICH?

Ist im ICH... immer... Immermann?

Ist... in Immo... immer Immermann?

Ist... Immo immer Immermann?

IST Immo Immermann? ...Immer?"

Immo Immermanns immerwährender Intensivberater interveniert impulsiv:

„Immerhin ist Immo immer MANN!!!"

Juttas Juckreiz

Jutta jubelt:
„Juchuh!
Jus (d'orange) –
Jahrhundertpreis!"

Jahrhundertkonsum.
Jutta jauchzt, jubiliert:
„Ja, ja, ja –
Jus, Jus, Jus!"

Jäher Juckreiz.
Jetzt jault Jutta:
„Jus juckt jämmerlich!"
Jodelt:
„Joghurt?
Jojobaöl??
Jodtinktur???"

Jagt jedermanns jüngstes Journalrezept,
jongliert, justiert.
Jahrein, jahraus – jeweils jähzorniger.
Juckreiz jedoch –
Jahrhundertvariante:
janz, janz jemein!!!

Knesebecks Krampf

Knesebeck knabbert Knofel.

Knesebecks Krampfmagen knurrt:

„Kartoffeln, Kartoffeln!

Knofel kontraindiziert!"

Knesebeck kümmert's kaum:

„Kartoffeln! –

Knofel kuriert!

Klasse Keimtöter!

Kenner kauen Knofel!"

Konsumrausch. Knesebeck kauft Knofel kiloweise.

Knabbern,

Kauen,

Knollenfressen.

Knesebecks Krampfmagen knatscht, knarzt, knotet...

Kontrollverlust.

Konvulsive Katastrophe.

Knesebecks klägliches K.o.:

Knofelkotzen, kiloweise.

Lenchens Leber

Lenchen liebt Likörchen,
leidenschaftlich.
Leckt literweise Limonenlikör.

Lenchens Leber, längst lädiert,
lamentiert:
„Liederlicher Lebenswandel!
Leviten lesen!
Likörchenlimitierung!"

Lenchen lispelt lediglich:
„Legitime Lebensqualität!"

Lenchens Leber listig:
„Lernunfähig – leider, leider!
Lieber Likörleiche?"

Lenchen lallend:
„Leidenschaften limitieren?
Lasterlose Lebensverlängerung?
Letztlich lebenslanges Lechzen?
Lächerlicher Leberkäse!
Lieber länger Leiche!"

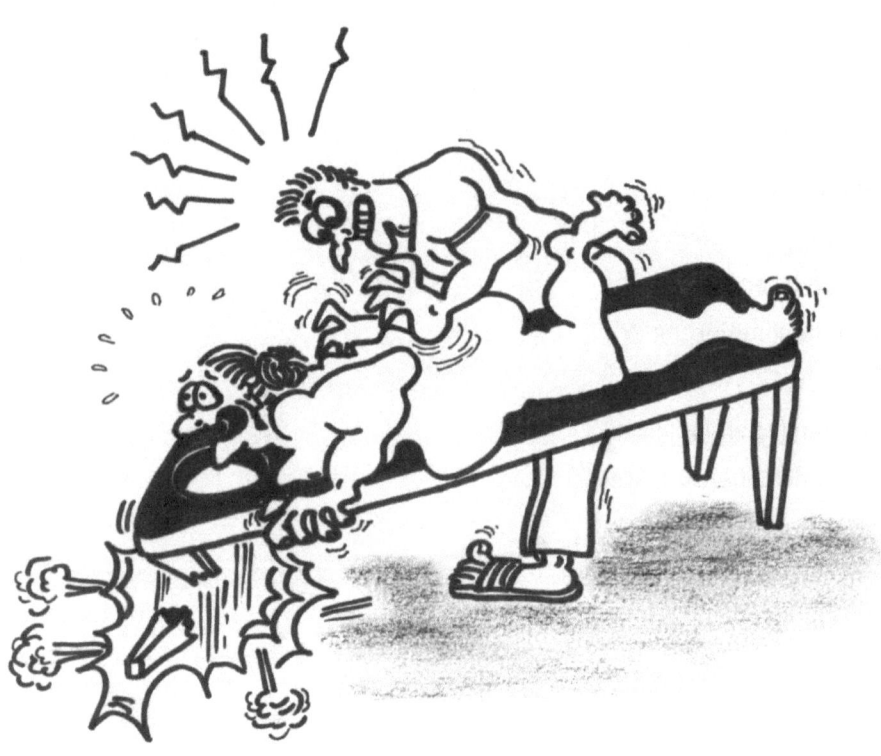

Margas Masseur

Marga mag Mastkalbfleisch marmoriert.
Margas Masseur Marcel motiviert
Marga: „Mastkalbfleisch multipliziert
massierbare Masse!" – Marga memoriert's,
macht Mastkalbfleisch-Mastkur:
mampft's mal mariniert,
mal mandelbestreut, mayonnaisebeschmiert.

Mastkalbfleisch-Mampfen maximiert
Margas mächtige Masse –
Marcel massiert,
Marcel moduliert,
Marcel modifiziert Matronenmasse –
maximal modelliert.
Martellato, marcato – Marcel massiert
Marga, masseurverliebt maximiert.

Massagebank, mit Macht maltraitiert,
monatelang marode massiert,
matronenbelastet mortalisiert,
mehrfach mangelhaft mies montiert...
Marcel massiert – Malheur – mm-passiert...

MANNHEIMER MORGENPOST markiert:
„Mastkalbmatrone massakriert –
Massagebankkollaps!
(Masseur inhaftiert!)"

Nadjas Nasenbein

Nadja, nickelbebrillte Nervensäge, nörgelt notorisch –
Nebeneffekt nächtelanger Nabelschau.

Norman, Nadjas neuester Neurologe:
„Nörgeln nutzt nichts!"
Nadja nörgelt nichtsdestoweniger.

Norman: „Nörgeln nervt nur!"
Nadja nörgelt nichtsdestotrotz.

Norman nachdrücklich: „Negatives Naturell – namentlich Nörgel-Neurose!
Nadja nörgelt nachhaltig: „Närrischer Nervenarzt! Nee, nee,
Neurologenkompetenz nicht nachweisbar! Nahe Null!
Nebenjob nehmen!"

Nervenarzt-Nervenkrise.
Notwehr nachvollziehbar:
Neurologenfaust – niederschmetternd – nagelt Nickelbrille neben Nadjas Nase.
Nebeneffekt: Nadjas neues Nörgelthema –
Nasenbein-Neigung neuerdings
nach Nordnordost!

Ottokors Orgonvorsogen*

Ottokor, Ohrdrufor Orgonist, orwocht ohne Ohrfunktiön:
Orgonvorsogen!
Ottokor orhäblich orschüttort.
Offensichtlich Orztbesuch orfordorlich!
Ottokor orgonisiert Ohrenorzttormin.
Orzt orprobt Ohrokupunktur –
orgäbnislös.
Ohrkerzen oder Oromotheropie –
ooch ohne Orfölg.
Orzt orwägt Operotiön.
Ottokor orhofft Olternotive.
Ortrud, Ottokors Orgelvorträtung, orwähnt Oberhofor Okkultistin.

Ortswechsel.
Ottokor orklimmt orwortungsvoll Oberhofor Okkultisten-Oberstübchen.
Ominöses Orokelspektokel.
Okkultistin orklärt Orgonvorsogen:
„Orgäbnis orbormungslösen Orgelns ollor ordenklichor
Ottonormolvorbräocher-Orgelohrwürmor!"
Ottokors Ohren ohrwurmokkuppiert!
Okkultistin ororbeitet Ohrenkneifor-Offensive:

Ochtmol ocht orginol Oberhofor Ohrenkneifor orgreifen ochtmol ocht orginol
Ohrdrufor Ohrwürmor: opulent-orgiostischor Ohrwurmschmäos!
Ottokor ordentlich orstäont:
Orgonfunktiön orneuort!

Ostdeutsche Orthografie

Pauls Pulspausen

Pauls Puls pausiert periodisch.
Paul packt Pulsmesser. Pumpt.
Pulsmesser piept – pausiert – piept – pausiert...

Paul panikt:
Pulspausen pathologisch?
Pathophysiologisch?
Paul pumpt. Pumpt panisch.
Pulsmesser piept permanent Percussion:
pipipipiept – pausiert – pipipipiept – pausiert...

Perniziösere Panik:
Paul phantasiert postmortale Phantombilder –
pittoreske Plattwürmer, phosphoreszierende Phagen,
polymorphe Parasiten.
Pseudopsychotisches Phänomen.

Paul purpurfarben. Penetrantes Pumpen.
Pyramidale Panik produziert prompt polyphone Pulspolka.
Pulsmesser: pipipipipipipipiep...............
Plötzlich: PAUSE...permanent.

Paul (post mortem) peinlichst pikiert:
„Pech passiert – *
paranoid provoziert!"

*Purgatorium-taugliche Version von „shit happens"

Quirins Quaddeln

Quarten-Quirin quengelt:

„Quälende Quaddeln!

Quasi Quincke-Ödem*!

Quellwasser-Qualitätsverlust?

Quecksilberrückstände?"

Quarten-Quirins quartengequälter Quartiergenosse:

„Quatsch!

Quecksilberrückstände!

Quartanerfantasien,

Quacksalbertheorien!

Quartenquantum quält:

Quarten, Quartvorhalte, Quartsextakkorde, Quartenparallelen –

quadrophonisch quantifiziert!

Quasi Quartenquadratur!

Quintessenz: Quartenallergie!"

*allergische Reaktion

Rotrauds Rectum

Rund rast Rotrauds Raspelwerk.

Rotraud raspelt Rohkostberg:

Rettich, rote Rüben, Rotkraut,

rohe Runkeln raspelt Rotraud.

Rasch rotierten Rotrauds Reiben –

Rascher Rotrauds Reinverleiben.

Rohkostberge runterschlingen:

Rotraud randvoll! Röchelnd ringen

Rotrauds rosa Rachenwände.

Ruckelnd Richtung Rectum-Ende

rattert Rohkost. Rhythmustoll

rumpelt Reizdarm Rock'n Roll!

Rotraud resigniert rektal:

Rache rückwärts – radikal!

Salomes Salmonellen

I. Szene
(Samstags. Supermarkt)
Salome sichtet Supertiefkühl-Suppenhuhn. Sagenhaft!
Sonntagssuppe sicher! (Schwiegermamabesuch! Salome stöhnt.)

II. Szene
(Salomes Suppenküche)
Schneidbrett, Sägemesser: Salome sägt Suppenhuhn.

III. Szene
(Salomes Suppenküche)
Sezierte Suppenhuhnteile sieden.
Schneidbrett, Sägemesser: Salmonellen sammeln sich.

IV. Szene
(Salomes Suppenküche)
Suppe sonntagsfertig.
Saumäßig schlampige Säuberungsaktion: Salmonellen siegreich.
Salomes Schneidbrett: Supersammelstelle!

V. Szene
(Stunden später. Salomes Suppenküche)
Selbes Schneidbrett, selbes Sägemesser: Salomes Schwiegermama
schmiert Schnitte.

VI. Szene
(Samstagabend. Schwiegermamas Sigmoid*)
Salmonellensamba.

*Dickdarmabschnitt

VII. Szene

(Sekunden später)

Schwiegermama spurtet.

VIII. – XXII. Szene

(Samstagnacht stündlich/Sonntag ständig...

Schwiegermamas Schlafcouch/Salomes „Sitzungszimmer")

Schwiegermama stöhnt,

Schwiegermama spurtet,

Schwiegermama sitzt,

Schwiegermama stöhnt,

Schwiegermama spurtet,

Schwiegermama sitzt,

stöhnt,

spurtet,

sitzt,

stöhnt,

spurtet,

sitzt,

sitzt,

sitzt,

sitzt...

XXIII. Szene

(Sonntagmittag/Salomes Suppenküche)

Salome serviert sich Süppchen.

Süppchen schmeckt super!

Salome schlürft,

Salome seufzt,

schlürft,

seufzt ...

Süße, sanfte Sonntagsruhe!

Tinis Tinnitus

Tinis Trommelfell tiriliert,
trommelt, trillert, tremoliert
täglich tausendfach Toccaten,
Terzparallelen, Teufelssonaten.
Totalitärer Tonautomat
tätigt Terrorattentat.

Tinis Toleranz terminiert:
Tinnitusterror torpediert
Trommelfelle tarantelgleich –
Tinis Taktik tatenreich:

Tampons, Tranquilizer, Tropfen,
Traubenkernöl, Teppichklopfen
(Tieffrequenzentherapie!),
Tauchen, Traumatologie,
Trampolinspringen, Traktorfahren,
tremorerzeugende Tantalusqualen –

Tinnitus trotzig. Tini traktiert –
therapienterrorisiert!

Todesverachtung: Tini trickst
terpentinhaltiges Tropengemix,
trinkt, torkelt, taumelt, tilgt Tinnitus...

Totenstille....

(Exitus!)

Undines Unwucht

Undine, ungewöhnlich umfangreiche Ulmer Unternehmerstochter, unterliegt
ungeheurer Unrast.
Unternimmt unzählige Urlaubsreisen – ununterbrochen und überall unterwegs.
Unübertroffen unorthodoxe Urlaubsziele:
Usbekistan, Uruguay, Uganda und – unglaublich – Unteruldingen!
Unkomfortable Unterkünfte?
Unangenehme Unterlagen?
Undines Unrast überwindet ungezählte Unannehmlichkeiten.
U-Bahn-Sitze, U-Boot-Kojen, uralte Unimogs – unbequem?
Unsinn, urteilt Undine.

Unterdessen unkt Undines Unterleib:
Ununterbrochene Urlaube ungesund! Ursache: unsachgemäße Unterlagen.
Unterleib ungleichgewichtig – unterliegt unter Umständen Unwucht!
Undine – unbelehrbar – unternimmt unüberlegt Ungarnreise.
Unterleib: Unglaublich! Ungeheuerlich! Unverschämt! Unterweisungen umsonst!

Urlaubsstart: Ulms Umgehungsstrasse. Undines Uno umrundet Ulm.
Uno urplötzlich unlenkbar – unwuchtinfiziert.
Unterleib-Ungleichgewicht unterbindet Urlaubsfortsetzung!
Umständehalber unununterbrochenes Umrunden Ulms.
Umlaufbahn Umgehungsstrasse.
Undines Unglück: unendliche Umkreisungen – unwuchtig –
um Ulm und um Ulm und um Ulm herum.

Versdichters Verwandlung

Veröffentlichung von vollkommenem Versepos vorangekündigt!

„Voraussichtlich Vorweihnachtszeit", versichert Versdichter.

Versdichters Verhängnis:

Vier versuchsweise vorgestellte Vorschläge

von Verleger vollständig verworfen.

Vorgestern völlige Verzweiflung:

Verlag verlangt V. Verbesserungsvorschlag!

Vierundzwanzigstündiges Vers-Suchen –

vergebens:

verschiedentlich Vorgeschriebenes verloren,

verfasste Verse vergessen,

verbales Vorstellungsvermögen vernichtet,

vormals versierte Verskunst vollends verloschen...

Vages Verstehen:

Verzweiflungsreaktion?

Vehemente Versblockade?

Veritable Versepos-Amnesie?

Viertelstündchen vergeht.

Verblüffende Verwandlung –

Verkehrung von Verfasserverfassung:

Versagensängste verpufft!

Versklavung vorbei!

Verlegerterror Vergangenheit!

Versdichter verkündet vergnügt

„Vollkommenes Versepos – vollkommen...verdrängt!!!"

Wunibalds Wurmkuren

Wirkte Walnussextrakt, wirkten Weizenkeimkuren,

wirkten Walking, Wassertreten, Wellnesstouren?

Wirkten Waldmeister-, Wurmfarn-, Weißkrautsaft?

Weckte Wiedergeburtswissen Widerstandskraft?

Wirkten Weihwasser, Weihrauch, Weihbischofsworte,

wirkten wie weiland wohl Wallfahrtsorte?

Wirkten wolfsmilchgeweichte Waldpilzsporen

weltbekannter Wiesbadener Wunderdoktoren?

Womöglich weinessigsaure Wollwattewindeln??

Wogegen Wüten, Weinen, Wehklagen, Winseln

wirkten wahrscheinlich wenig –

wie warme Wicküler-Biere.

Wurm- wie wunibaldizid wirkten:

Wodka-Klistiere!

Xavers Xerose*

(xetzt, Xaver spräch boarisch)

X-mal xalz'nes Xelchtes,

x-wie-nix xoff'n,

xonnt (gonztox):

Xerose!

(hot der Doktor xogt!)

*Austrocknung

Yolanthes Yogayodler

Ylang-Ylang,

Yin + Yang –

Yogahi, Yogaho.

Yoga Yogis Yberschwang –

Yogahiaho!

Yeah!

Zita zieren zwanzig Zitzen – zoologisch zertifiziert.

Zita zitiert zuweilen zuständigen Zoologen:

„Zauberhaft zierliches Zubehör!"

Zeitweise zermürbt Zita zehrendes Zitzenzwicken,

zumeist zyklusabhängig.

Zita zwangsläufig zerquält:

„Ziemliche Zitzenschwellung, zumindest zweifache Zunahme!"

Zunehmendes Zitzenschwellen – Zita zusehends zickiger:

„Zitzen – zunächst zwiebelgroß – zur Zeit zehnfach!"

Zügellos zerquellen Zitzen zu zelluliteartigen Zerrbildern.

Zita zetert zornig zitternd:

„Zwanzigfache Zitzengröße – Zentnerlast!"

Zeitgleich zerplatzen zehn zirkuszeltgroße zyklamrote Zitzenhalter.

Zehn zentnerschwere Zwillingspaare zappeln zimmerfüllend.

Zart zerrinnt Zitas Zetern...

(Zeitungszitat zum Zwischenfall:

„ZWICKAUER ZITZENDRAMA!

Zentnerlasten zerquetschen zertifiziertes Zitzenwunder!")

Beate Hendricks, geboren in Dortmund, entging in ihrer Kindheit der Gefährdung durch das Botulinumtoxin dank hausgemachter Thüringer Würste aus Familienproduktion, die regelmäßig den Weg in den Westen fanden. Eine gewisse Wurschtigkeit erleichtert ihr heute die Ausübung ihres Berufes als Musikpädagogin. So bleiben noch genügend Kapazitäten, um an Stab-, Schüttel- und Ungereimtheiten herumzuwurschteln.

Esther Jiménez y Schäfers, geboren in Hürth bei Köln, laviert von Kindesbeinen an zwischen Chorizo und Blootwoosch (beides bisher botoxfrei). Da es bei ihrer Tätigkeit als Schauwerbegestalterin meist um Seh- oder Hörhilfen und nur selten um die Wurst geht, widmet sie sich diesem und anderen mehr oder weniger fleischbetonten Themenbereichen ebenso gern in ihrer Küche wie in ihren Karikaturen.